DÉBUT D'UNE SERIE DE DOCUMENTS
EN COULEUR

LA COLONISATION FRANÇAISE

AU XXᵉ SIÈCLE

La Vérité sur son Avenir

IMPRIMERIE
ASCHERO — 87, RUE PARADIS. 87
MARSEILLE

PRIX 0,90
Vendu au profit des sinistrés de la Martinique.

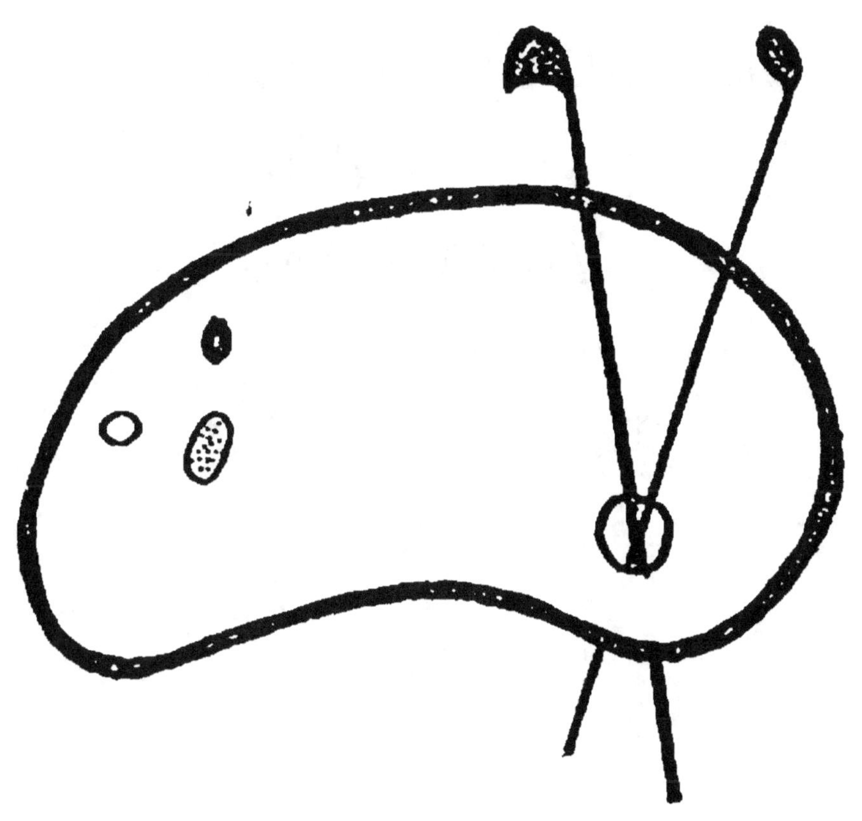

FIN D'UNE SERIE DE DOCUMENTS
EN COULEUR

LA COLONISATION FRANÇAISE

AU XXe SIÈCLE

La Vérité sur son Avenir

IMPRIMERIE
ASCHERO — 87, RUE PARADIS, 87
MARSEILLE

PRIX 0,90
Vendu au profit des sinistrés de la Martinique

SONNET

(Eruption des sinistrés de la Martinique.)

Sous des cieux de saphir éclatants de lumière,
L'Ile au loin scintillait, perle de l'océan;
Et du bruyant rivage on voyait l'insulaire
Jeter ses chants d'espoir vers le gouffre béant.

Et le volcan dormait.... Mais soudain le cratère
Gronde, crève, vomit lave et feu dévorant.
— Cataclysme inoui! — L'Ile était cimetière;
Où l'homme s'agitait, se taisait le néant.

Et chassé d'un pays dont le sol flambe encore,
Qu'engloutissent les eaux, que la flamme dévore,
Sans abri sans parents, sans pain, sans lendemain.

Mais en Dieu, mais en toi mettant son espérance,
Le survivant t'implore, ô toi, Frère de France! —
O frère, ouvre à ton frère et ton cœur et ta main.

Un ami

Nous nous associons de grand cœur à la pitié qui porte le monde entier à venir en aide aux sinistrés de la Martinique, et à titre d'obole nous ne pensons mieux faire que de leur offrir le produit net d'une publication destinée justement au relèvement des Colonies Françaises.

Le produit en sera déposé à la Chambre de commerce de Marseille.

G. H. V.

Vue de Fou-Tchéou prise du Consulat français

De la Colonisation Française au XXe Siècle

La Vérité sur son Avenir

PREMIÈRE PARTIE

DE LA MAIN-D'ŒUVRE

I

Parmi les questions qui préoccupent le plus les esprits au sujet de la Colonisation française, il en est une qui domine toutes les autres, car l'avenir même des Colonies en dépend : c'est celle « de la main-d'œuvre ».

Cette question est primordiale, elle est aussi le corolaire d'un axiome d'Economie politique bien connu :

« En matière de Colonisation, le succés est la conséquence « d'une natalité surabondante de la Métropole ou même des « pays exotiques ».

L'Angleterre donne présentement la preuve évidente de ce principe en inondant ses colonies, d'un pôle à l'autre, de l'abondante natalité métropolitaine et exotique dont elle dispose.

Aussi l'on peut dire qu'elle a préparé, depuis plus d'un siècle, l'avènement de son « Impérialisme moderne » par l'habile utilisation de ses deux grandes sources d'activité humaine.

La première, produite par la pléthore de la population britannique et quelques contingents européens, ne cesse de peupler l'Amérique du Nord, les terres australes de l'Océanie et l'Afrique du Sud, où une dernière et irrésistible poussée de race se produit actuellement du côté du Transvaal dont l'annexion se consolidera plus par la générosité de la paix, que si elle s'était produite par le seul fait de la guerre.

La seconde, formée de 300 millions de sujets Anglo-Hindous, est admirablement utilisée ; dans l'Inde, par une savante organisation de l'impôt foncier, et dans les Colonies intertropicales, pauvres de main-d'œuvre indigène, par une abondante immigration indienne qui commence même à coloniser l'Afrique Equatoriale.

Il y a ici une telle importance à préciser les chiffres que nous croyons nécessaire de les citer d'après des documents officiels.

Il résulte des statistiques publiées par le gouvernement de l'Inde anglaise, que le nombre des émigrants a atteint, en 1900-1901, le chiffre de 95.616 et celui des indigènes rentrés dans l'Inde, 31.186. Pendant les cinq années 1885-1886 à 1900-1901 le nombre total des émigrants a été de 304.237 et celui des rentrées de 133.230.

La mortalité est élevée parmi les émigrants dans quelques-unes des colonies où ils se rendent, parmi ceux qui survivent un grand nombre reste définitivement dans le pays où ils se trouvent à l'expiration de leur contrat. Ainsi, à l'île Maurice 69 p. c. de la population (261.739 sur une population totale de 379.659) sont des colons indiens ou descendants de ceux-ci; à Demrara, un tiers de la population se compose de colons indiens; et au Natal, à Trinidad et ailleurs, les indiens établis augmentent constamment.

L'émigration est autorisée par cinq ports : Calcutta, Bombay, Madras et les deux établissements français de Pondichéry et de Karikal. L'émigration a cessé à Bombay depuis quelques années; la main-d'œuvre est si bien rétribuée dans la Présidence occidentale que l'émigration n'offre guère d'attrait. Ce port et celui de Karachi ont servi à l'embarquement de travailleurs engagés par le gouvernement pour la construction du chemin de fer de l'Ouganda. Plus de 27.000 ravailleurs ont été enrôlés à cet effet dans le Punjab, pendant les trois dernières années. Aucune émigration ne s'est effectuée par les établissements français depuis l'année 1889.

En présence de cette si formidable colonisation, on se prend à regretter que les guerres de la Révolution et du Premier Empire aient réduit à néant la politique si nationale de Louis XVI en faveur de l'Indépendance des Etats-Unis ! !... Elle n'avait qu'un objectif : consolider notre vaste Domaine Colonial d'avant 1789, (1) et de concert avec les Etats-Unis, faire obstacle à la suprématie maritime de l'Angleterre, aujourd'hui sans rivale.

---

(1) Ce domaine qui avait reçu la consécration du temps et du succès se composait : de la Louisiane, de St-Domingue, des Petites Antilles, de la Guyane, du Sénégal, des Iles de France, Bourbon et Seychelles, de l'Inde Française.

Puisse du moins l'exaltation de cette politique, vraiment nationale par l'érection du monument que les États-Unis élèvent aujourd'hui à la mémoire de Rochambeau, réveiller les traditions colonisatrices de la France, et la faire entrer résolûment dans l'organisation qui convient le mieux à son « Expansion Coloniale » c'est-à-dire, une abondante et active main-d'œuvre.

Comme la France n'a, ni par elle-même ni par aucune de ses colonies, la surabondante natalité requise en matière de colonisation, elle doit, coûte que coûte, introduire, à bref délai dans toutes ses possessions, l'appoint d'une main-d'œuvre étrangère, à l'instar de ce que l'Angleterre fait elle-même pour ses Colonies des Antilles, de l'Île Maurice et de l'Afrique Équatoriale, qu'elle peuple du trop-plein de la population Indienne.

Nous ne faisons d'ailleurs, en cela, pour nos lointaines colonies que ce qui a lieu en Algérie et en Tunisie, où nous nous efforçons de neutraliser les tristes effets de notre propre dépopulation par une large porte ouverte aux émigrants Italiens, Maltais et Espagnols, que la proximité des lieux et la similitude de climats y attirent en grand nombre.

L'Indo-Chine, Madagascar, l'Afrique occidentale et nos autres Colonies plus étendues et moins peuplées que la France, ne pourront en effet être réellement exploitées, que si elles sont reliées par un courant régulier d'immigration avec une « Contrée riche par prolifixité de race de cette natalité surabondante, » qui, en matière de colonisation, est la « garantie du succès. »

Or ce peuplement hâtif de travailleurs étrangers dont nos colonies ont un si urgent besoin, ne pourra être efficacement demandé qu'à cette Terre classique des Migrations lointaines, et qu'aucune influence ni rivalité étrangère ne peuvent entraver. Nous avons nommé . . . . . la Chine !

Le Géographe L. Poirel a fort bien dépeint les Chinois comme l'agent nécessaire des Colonisations Européennes sous les Tropiques, lorsque, parlant de leur première étape d'émigration dans les Iles de l'Archipel de la Sonde, il dit :

« Massacrés et bannis à différentes reprises, ils revinrent
« toujours, parce qu'ils sont indispensables dans les pays
» où les indigènes ne sont pas suffisamment nombreux et ne
« travaillent guère, et où les blancs ne s'acclimatent point.

« Ce sont eux qui défrichent Bornéo pour le compte des An-
« glais, qui exploitent les mines de Bonkao pour les Hollandais.
« Ce sont eux qui servent d'intermédiaires pour une grande
« partie du Commerce.

« Bons pour tous les métiers, ils ne se rebutent d'aucun,
« bravent tous les climats, supportent toutes les privations, et

« finalement restent maîtres du terrain. C'est une véritable
« invasion .... pacifique du travail. »

Que peut-on désirer de plus pour coloniser les possessions
françaises vides de populations qui, elles-mêmes, ne sont sol-
licitées au travail par aucun besoin ni aucune nécessité.

Les meilleures méthodes d'exploitations, les systèmes d'organisations le plus habilement combinés, ne pourront mieux hâter
la Colonisation de Madagascar peuplé à près de 3 millions de
Malgaches indolents, qu'une introduction à flots pressés de
Chinois. S'ils arrivaient en familles, ils accéléreraient d'autant
mieux le peuplement de la grande Ile Africaine que leurs enfants pourraient y faire souche dans un prochain avenir.

II

Comme la presse de toutes les Nations Colonisatrices s'occu-
pe présentement de cette intéressante main-d'œuvre, le mieux
sera de la suivre dans cette étude.

En 1901 la « Schesige Zeitung » a proposé pour les Iles
« Samoa » un recrutement dans les Archipels « Salomon et
Gilbert » — Tout comme les Colonies françaises de la « Nou-
velle Calédonie » et de « la Réunion » en cherchent dans les
Iles Fidji et les Comores.

Cette proposition a été victorieusement combattue par la
« Deutsche Colonial Zeitung » et est applicable aux Colonies
« sus-nommées.

La Deutsche Colonial conclut en disant :

« La densité de la population des Archipels « Salomon et
« Gilbert » où l'on veut faire des engagements de travailleurs
« permet peut-être de laisser partir un certain nombre d'ou-
« vriers, mais même sans émigration elle ne suffira pas à assu-
« rer les besoins locaux. Il faut que les plantations produisent
« au meilleur marché possible ; et il est clair que si on exporte
« de la main-d'œuvre, celle qui restera augmentera ses exigences tout en ne suffisant pas à la demande.

« Déjà aujourd'hui les indigènes de ces Iles sont exigeants,
« ils ne se laissent engager que pour tel ou tel endroit, font des
« réserves et fixent les conditions.

« La solution proposée, tout en étant notoirement insuffisante
« pour « Samoa » aurait donc l'inconvénient de désorganiser le
« travail dans l'archipel « Bismarck » où il suffit actuellement
« aux besoins des plantations de création récente.

« Les reproches que l'on adresse aux Chinois n'empêchent
« pas qu'ils ne répondent parfaitement au but que se proposent
« les Nations Colonisatrices, à savoir : « obtenir dans leurs

« propres Colonies des produits coloniaux en quantité suffisante
« leur pour consommation, et à meilleur compte que sur le mar-
« ché Universel. »

Cette appréciation est concluante.

La Deutsche Colonial termine en disant :

« Des lois pourraient d'autre part empêcher l'écoulement
« exclusif vers la Chine de tout l'argent payé pour le travail. —
« Quant à l'envahissement des Chinois, on pourrait, sans dan-
« ger national, laisser entrer à « Samoa » et dans l'Archipel
« Bismarck cent mille Chinois et ils suffiraient aux besognes
« nécessaires »

Ces deux dernières assertions sont très contestables ; d'abord
parce que s'il est vrai que l'argent appelle l'argent, l'exode
des salaires entrainera naturellement des relations profitables
à tous entre les Colonies et la Chine ; — ensuite parce que l'envahissement prétendu des Chinois ne sera jamais un danger
national, vu le caractère positif des Coolies, trop soucieux de
s'enrichir pour se révolter et se mettre en grève, surtout si
leurs employeurs exécutent fidèlement les conditions de leurs
contrats.

Après l'opinion du Journal Allemand sur le travail des Chinois, la Presse Française s'exprime dans le même sens par
l'organe du Journal des Colonies du 6 Avril 1902, sous le titre
de « Main-d'œuvre au Tonkin. » L'article dit : La question de
« la main-d'œuvre est au rang de celles qui préoccupent le plus
« la Colonisation Européenne—Dans nos possessions d'Extrême-
« Orient, les facilités de main-d'œuvre ne sont pas, en effet,
« ce qu'on pourrait croire -- On sait que lapopulation indigène
« s'est concentrée sur des espaces relativement restreints, et
« qu'elle ne se déplace qu'avec répugnance.

« En dehors du Tonkin et de la Cochinchine, le défaut de
« travailleurs indigènes se fait donc sentir.

« Le problème de la main-d'œuvre attire à juste titre l'atten-
« tion des Assemblées locales. — C'est ainsi qu'il a fait l'objet
« d'une intéressante discussion au cours de l'une des dernières
« séances de la Chambre d'Agriculture au Tonkin.—M. Duchemin
« y a lu un rapport où il précisait concurremment avec
« l'utilisation de la main-d'œuvre annamite habile, souple,
« patiente, l'emploi de la main-d'œuvre chinoise plus vigoureuse,
« plus consciencieuse, enfin plus appropriée aux travaux de
« force.

« Le recrutement du Chinois donnera de bons résultats à la
« condition qu'il ne soit pas opéré dans les ports ouverts où ne
« se trouvent que des contingents indisciplinés et de moralité

« détestable. Ce recrutement devra en outre être confié à des
« personnes vivant au milieu des populations autochtones et
« bien au courant de leurs mœurs.

« Les contingents envoyés à Madagascar proviennent de
« Fou-Tchéou : ils ont été réunis par un de nos compatriotes
« établi dans cette ville.

« Les Coolies employés aux travaux publics donnent satisfac-
« tion. Ceux, en petit nombre , que les particuliers ont engagés,
« n'ont pas toujours fait un bon service. Mais cela tient à des
« causes que les colons du Tonkin, plus au fait de la mentalité
« et des coutumes chinoises, éviteront facilement.

« Le concours du Gouvernement général ne manquera pas,
« nous en sommes persuadés, à l'initiative privée. Il appartient
« à celle-ci de s'appliquer, dès à présent, à dégager des solu-
« tions et à les faire prévaloir.

III

On ne peut s'empêcher de constater la très grande concor-
dance d'opinion des deux journaux Allemand et Français, sur
l'emploi de la main-d'œuvre chinoise aux Colonies. Les appréciations de ces deux publications constituent tout un programme.

Ceux qui ont vraiment à cœur l'avenir des Colonies doivent
s'efforcer de le réaliser, et savoir mettre le patriotisme au-
dessus de tout esprit de parti, disons-mieux, au-dessus de
toute espèce de parti pris, et d'idée préconçue.

L'initiative privée solutionnera avantageusement ce programme, en reconnaissant avec le Journal allemand, Deutsche Colonial, que :

La seule solution pratique, c'est l'introduction de la
« main-d'œuvre chinoise aux Colonies » pour y réaliser le but
que se proposent les Nations colonisatrices, résumé en la for-
mule :

« Obtenir les produits coloniaux à leur consommation dans
« leurs propres Colonies, en quantité suffisante et à meilleur
« compte que sur le marché universel. »

Enfin le Gouvernement et les Administrations françaises de toutes les Colonies devront se pénétrer des judicieuses réflexions
du Journal des Colonies du 6 Avril 1902 pour y faire prévaloir, auprès des Colons, l'emploi des Coolies de préférence
à tous autres travailleurs. En effet, étant donné que la main-
d'œuvre chinoise est sollicitée par l'Indo-Chine, c'est-à-dire
par la plus peuplée de nos possessions, cette main-d'œuvre doit
être « à fortiori » largement accordée à nos autres Colonies,
comme étant plus vigoureuse, plus consciencieuse et plus appropriée aux travaux de force.

De cet ensemble de considérations, il ressort que les Colonies Françaises, douze fois plus grandes que la Mère-Patrie et bien moins peuplées qu'elle, ne pourront être mises en valeur d'une manière rationnelle et économique qu'au moyen :

I — D'une immigration chinoise large et abondante en proportion de leur importance, et non par doses homéopathiques, au gré du caprice de certains politiciens arriérés et à courte vue.

II — D'un bon recrutement de travailleurs forts, actifs et consciencieux, pour permettre aux Colonies de produire à meilleur compte et lutter plus avantageusement avec la concurrence mondiale.

Les conséquences multiples de ce mode de « peuplement hâtif » des Colonies seront :

1° de stimuler les populations autochtones au travail et à l'économie par une concurrence profitable à tous ;

2° de développer dans une large mesure le commerce Colonial, parce que les Immigrants sont tout aussi bien « Agents » de consommation que de production;

3° d'établir, au profit du Commerce Maritime et de l'influence de la France, des relations suivies avec la Chine, relations d'autant plus importantes, qu'à l'heure présente, l'attention des Nations Civilisées est tout entière tournée du côté de l'Extrême-Orient.

IV

De toutes ces considérations il ressort manifestement que l'Avenir des Colonies françaises dépend uniquement d'une Immigration bien comprise et bien organisée, car elles n'ont plus à compter comme jadis sur la main-d'œuvre indienne. En effet, en prévision de l'extension de la Colonisation de l'Afrique Equatoriale que l'Angleterre a déjà commencée, grâce à la récente ouverture par vingt-sept mille Indous du Chemin de fer « Central Africain », il est certain que la pléthore de la population indienne sera désormais monopolisée au profit des Colonies Anglaises.

S'obstiner à chercher en dehors de l'emploi de la main-d'œuvre chinoise le développement de notre expansion coloniale, ce serait compromettre les sacrifices si grands de vies humaines et d'argent consacrés depuis 1880 à la fondation de nouvelles Colonies et y faire le travail « de l'abeille » « sic vobis non vobis » au profit des nations rivales.

Ce serait perpétuer aussi l'état languissant de nos anciennes colonies sur lesquelles, hélas ! la catastrophe de la Martinique jette un si triste deuil, alors que tant d'activité humaine y a été employée depuis des siècles pour faire prévaloir le vieux renom de l'esprit colonisateur français.

Quand on voit présentement l'Angleterre s'imposer la lourde charge de subventionner ses Colonies des Antilles et de l'Ile Maurice, pour leur permettre de résister à la crise si aiguë de « l'Industrie sucrière » on ne comprend pas que la France puisse augmenter, comme elle le fait présentement, les charges de ses vieilles Colonies, au lieu de leur venir efficacement en aide.

Cette assistance doit leur être accordée dans une mesure d'autant plus large qu'elles sont aujourd'hui privées de l'immigration indienne dont les avait dotées la République libératrice et vraiment libérale de 1848, par une convention passée avec l'Angleterre, convention que nos modernes politiciens ont fait abroger en même temps qu'ils imposaient aux Colons le service militaire, dont ils avaient été dispensés jusqu'en 1898 . . .

Enfin le travail colonial lui aussi demande une urgente réforme, parce que, au prix le plus réduit, il ne sera réellement rémunérateur que par l'utilisation d'une main-d'œuvre plus active, plus consciencieuse et aussi plus intéressée, par l'appât du gain, à cet effort soutenu qui n'est pas en usage aux Colonies, où le travailleur indigène limite sa peine à la modicité de ses besoins, sans tenir compte des exigences de la concurrence moderne.

C'est assez dire que la Deutsche Colonial et le Journal des Colonies du 6 Avril ont eu raison de préconiser la main-d'œuvre chinoise comme la seule solution pratique du travail colonial.

Pour achever de s'en convaincre, il suffira de lire à la page 870 de la Revue de Madagascar du 10 Novembre 1901, les appréciations de son correspondant sur les Coolies arrivés en Juin 1901 de Fou-Tchéou pour les travaux publics de la grande ligne, et sur la demande expresse du Général Galliéni. Voici comment s'exprime le correspondant de la revue de Madagascar dont il s'agit :

« Grâce à l'extrême obligeance de Monsieur l'Administrateur « Hesling il m'a été possible de visiter le chantier des travail- « leurs chinois, récemment introduits dans la Colonie, et pren- « dre de ces chantiers quelques vues photographiques que je « suis heureux de vous envoyer en même temps que ces lignes, « comme je vous l'avais donné à espérer dans ma dernière « correspondance.

On reproche, non sans quelques raisons, à cette « main- « d'œuvre chinoise, d'être fort onéreuse, et moi-même j'ai

« été dans les débuts au nombre de ceux qui ne voyaient pas
« dans les Célestes la solution pratique au problème né ici de
« l'insuffisance des bras. Eh ! bien, je dois avouer aujourd'hui
« qu'un revirement total s'est produit en moi et qu'après les
« avoir vus à l'ouvrage et attentivement observés, j'ai pleine
« confiance dans les Coolies venus de Fou-Tchéou.

« Ces gens-là paraissent, il faut le dire, avoir été choisis avec
« un soin tout particulier. Ils sont robustes, pleins d'entrain et
« vous regardent du coin de leurs yeux bridés avec un air d'être
« tout à fait « contents de leur sort ».

« Leurs chantiers sont animés et la gaieté s'y fait jour par de
« larges éclats de rire : ce qui n'empêche pas les massues, les pelles
« et les pioches d'aller bon train et d'abattre pas mal de besogne.

« Le contraste que l'on pourrait établir avec les terrassiers
« malgaches est tout à l'avantage des ouvriers chinois : tandis
« que les premiers exécutent leur tâche avec une nonchalance
« et un détachement qui causent souvent et à juste titre l'exas-
« pération des employeurs européens, les chinois apportent à
« l'accomplissement de la leur une ardeur et une conviction qui
« prouvent qu'un sentiment d'émulation existe entre eux en
« même temps qu'une consciencieuse préoccupation de bien faire.
« Cette pudeur naturelle qui pousse l'ouvrier à vouloir être
« satisfait ou fier de son œuvre, est la caractéristique d'une race
« supérieure, elle n'existe pas encore chez le malgache qui se
« moque parfaitement de l'état dans lequel il livre son travail et
« ne voit dans celui-ci qu'une inéluctable et odieuse nécessité de
« gagner sa vie.

« J'ai donc éprouvé un véritable plaisir à regarder ces
« Coolies manier allègrement leurs outils et j'ai acquis la con-
« viction absolue qu'en leur payant la journée double de ce qu'on
« la paie à nos indigènes, cela serait encore une économie,
« étant donné que la somme de travail qu'ils produisent com-
« pense et au-delà l'augmentation de la dépense.
« Des mesures sanitaires et hygiéniques rigoureuses sont
« prises pour que ces travailleurs se maintiennent robustes et
« bien portants. Leur alimentation est abondante . . . . . »

Cette citation solutionne parfaitement le problème né aux
Colonies de l'insuffisance des bras, et prouve péremptoirement
que les Chinois sont les auxiliaires naturels des Européens
dans la colonisation des pays tropicaux : les uns et les autres
y étant également attirés par le besoin de travailler et d'y faire
fortune, ce qui n'a pas lieu pour les travailleurs des autres
races.

DEUXIÈME PARTIE

Recrutement et Utilisation
de la main-d'œuvre chinoise

Pour faire prévaloir l'emploi de cette main-d'œuvre, il suffira de se pénétrer de la « mentalité » et des coutumes des Chinois dont le travail,comparé à celui des autres immigrants,ne paraît coûteux que parce qu'on n'a pas su l'apprécier, ainsi que le démontre péremptoirement la citation précitée de la revue de Madagascar.

Les considérations qui suivent serviront sûrement à l'utilisation de cette main-d'œuvre.

I — Des conditions d'un bon recrutement de Coolies.

II — Des avantages qui en résultent.

III — De la manière de tirer un bon service des ouvriers chinois.

IV — De l'alimentation et des soins appropriés aux usages et à la constitution physique des Coolies en vue d'assurer leur acclimatation et un bon emploi de leurs forces et de leurs aptitudes.

V — Des mesures à prendre pour assurer la continuité d'une bonne immigration entre les Colonies et la Chine.

VI — Du mode le plus économique d'introduction des Coolies de façon à en réduire considérablement les frais.

§ I — Des conditions d'un bon recrutement
de Coolies.

La première de ces conditions c'est que cette importante opération soit confiée uniquement à « l'Initiative Privée » pour éviter les nombreux mécomptes et les frais inutiles que l'intervention administrative a fait éprouver jusqu'ici à tous les recrutements de travailleurs étrangers destinés à nos Colonies : témoin le fameux voyage diplomatique du Gouverneur Beauchamp en Indo-Chine et qui est resté légendaire à la Réunion par son insuccès.

La seconde c'est que l'agent recruteur soit animé des sentiments de justice, et très au courant des mœurs des populations au milieu desquelles il opère, de façon à inspirer confiance aux Chinois dont il sollicite l'exode.

Toute pensée de « lucre » doit être écartée de ce genre de transaction, dont la loyauté et l'humanité doivent être les bases premières.

Il ne s'agit pas ici, en effet, d'embauchage, mais d'un contrat de travail avec « des hommes libres », s'expatriant volontairement pour des pays lointains et à destination d'Employeurs inconnus, dont le recruteur se porte garant.

Enfin il faut que cet agent soit accrédité près du Consul français des Pays du recrutement pour faire consacrer par lui la validité des contrats d'engagement, rassurer ainsi les autorités chinoises et écarter toute difficulté quelle qu'en soit l'origine.

Cette assistance du Consul français sera aussi nécessaire : pour interpréter au besoin les conditions d'engagement, solutionner les conditions entre les parties, simplifier les frais d'expédition des Coolies, si possible, par la suppression des intermédiaires trop exigeants, et affirmer l'influence française par la droiture avec laquelle se feront le recrutement et le règlement des primes à verser aux Coolies à leur départ.

On ne saurait trop dire ici à la louange de M. Claudel, notre Consul à Fou-Tchéou, que c'est grâce à son intervention loyale près des autorités chinoises du Fo-Kien que les contrats des Coolies à destination de Madagascar et de l'Ile de la Réunion ont été négociés dans de si bonnes conditions.

La chose était d'autant plus importante et offrait même d'autant plus de difficultés, que ce genre d'opérations se faisait pour la première fois en Chine pour les Colonies françaises. Le succès de cette négociation, au point de vue de l'influence française, a déjà été signalé par « l'Echo de Chine » du 24 Juin 1901. Tout récemment encore, l'ambassadeur de France à Pékin, de passage à Fou-Tchéou, a été à même de constater la grande estime dont jouissait M. Claudel près du Vice-Roi du Fo-Kien. M. Beau a également apprécié, sur place, l'importance du recrutement des Coolies pour notre influence dans l'Extrême-Orient. Aussi en a-t-il fait l'objet d'une note spéciale pour les Ministères des Affaires Etrangères et des Colonies, invitant ainsi le Gouvernement à activer et à favoriser cette immigration dans toutes nos possesions.

Suivant les observations du Journal des Colonies précité, le recrutement des Coolies fait à Fou-Tchéou, n'a si bien réussi que parce qu'il a été opéré en plein centre agricole et « en de- « hors des Ports ouverts où l'on ne trouve que des contingents « indisciplinés et de moralité détestable. Il a été fait par une « personne vivant au milieu des populations autochtones et très « au courant de leurs mœurs. »

Le mode de sélection des contingents expédiés en 1901 à Madagascar et à l'Ile de la Réunion a été complété par l'application de l'usage chinois, d'un service de chefs d'équipes par groupes de cinquante hommes — Ces chefs restent responsables du travail et de la discipline de leur bande, ce qui simplifie pour les employeurs la surveillance toujours coûteuse du travail par des agents subalternes de moralité douteuse.

Malgré les fatigues d'un voyage de 25 jours en mer, les Coolies de Fou-Tchéou, au nombre de 1.556, sont arrivés en très bon état à Madagascar et à la Réunion, donnant ainsi la preuve des soins spéciaux qui avaient été apportés à leur recrutement.

---

§ II Des avantages d'un bon recrutement.

Les saines appréciations de la Revue de Madagascar du 10 Novembre 1901 (page 870) déjà citées, suffiront à elles seules pour faire ressortir les avantages d'un semblable choix de travailleurs. Ajoutons qu'à l'Ile de la Réunion, on s'accorde à reconnaître qu'on n'avait jamais vu arriver un plus beau convoi de travailleurs. Si l'on n'a pas pu se rendre un compte exact de la supériorité des Chinois sur les Indiens, c'est qu'on n'a pas encore su bien en faire la comparaison ; mais sitôt que les Colons se seront familiarisés avec cette nouvelle main-d'œuvre, c'est-à-dire quand ils se seront pénétrés de « la mentalité et des coutumes chinoises » ils verront que cet élément de travail est fort supérieur aux autres.

D'autre part, les engagements des Coolies de Fou-Tchéou pour l'Ile Bourbon étant d'une durée de cinq années effectives, les employeurs de la Réunion y trouveront le très grand avantage d'être à même de former de bons ouvriers, et de rentrer ainsi dans leurs premiers débours, ce qui n'était pas possible avec les anciens engagements de trois années, sans emploi des journées de maladies et d'absence.

Il ne tient donc qu'aux Colons de bien traiter leurs hommes, s'ils veulent s'assurer, à tout jamais, une immigration que, hier encore, ils réclamaient à grands cris, et qui est leur dernière planche de salut. En effet, il n'y a pas d'illusion à se faire à ce sujet, et les immigrations partielles des Iles Comores ou de Pondichéry ne donneront jamais aux Colonies françaises l'appoint d'une main-d'œuvre suffisante.

Il n'y a pas non plus à compter sur la reprise de l'immigration Anglo-Indienne, parce que l'Angleterre en a un plus grand besoin que jamais pour la colonisation de l'Afrique Equatoriale.

Grâce à la récente ouverture du chemin de fer du « Central Africain », cette colonisation marche à grands pas.

Pour suivre l'Angleterre dans la voie où elle est entrée si résolûment, la France n'a qu'un moyen, celui d'employer sans retard au développement de ses Colonies la main-d'œuvre chinoise à jets continus, ainsi que nous nous sommes efforcés de le démontrer par cette étude.

----

§ III Des meilleurs moyens à prendre pour tirer partie des Coolies.

Pour ce faire, il suffira de savoir utiliser les aptitudes et même le caractère des Chinois, qui connaissent la valeur de l'argent comme pas un peuple, qui pratiquent l'épargne au point d'être une véritable « tire-lire », qui enfin savent dépenser l'argent à leur heure, en vrais civilisés, et suivant leurs besoins.

On devra en outre se garder de faire travailler les Chinois comme le travailleur noir, qui est dépourvu de tout attrait pour le travail et nécessite une surveillance constante.

Le Chinois, lui, demande à travailler isolément du noir et en homme libre, sous la seule direction de son chef d'équipe qui, de fait, est son homme de confiance.

Le grand art de l'employeur sera donc d'utiliser à son profit l'ascendant de ce chef. Pour stimuler les Coolies à l'ouvrage, il suffira de bien leur expliquer le travail à exécuter ; délimiter l'opération, fixer équitablement l'économie de temps et des journées sur l'entreprise du bloc, offrir une prime par journée employée en moins : il n'est pas nécessaire que cette prime soit forte. On verra alors les Chinois à l'œuvre, ils soulèveront des montagnes.

Ce sera la vraie réforme du travail, rendue jusqu'ici irréalisable par l'apathie et la force d'inertie des Créoles et des Indiens.

Inutile de dire que l'employeur devra se montrer observateur consciencieux des prescriptions prévues au Contrat, parce que les Chinois, qui savent lire et calculer, s'apercevront de suite du tort qui leur sera fait, et réclameront énergiquement l'exécution de leurs engagements tels qu'ils figurent au livret en langues chinoise et française, et consacrés par le visa du Consul français.

III — De l'alimentation rationnelle des Chinois, suivant leurs usages et leur constitution physique, pour assurer leur acclimatation et répondre à ce qu'on attend d'eux.

Il importe de savoir que les Chinois, actifs et travailleurs par nature, ne peuvent s'accommoder de la simple ration de riz dont se contentent les Indiens et les noirs, parcimonieux de tout effort soutenu.

Si pauvre que soit chez lui le Coolie, il lui faut une ration de riz (en qualité suffisamment nutritive pour lui faire trois repas par jour) additionnée d'une certaine variété de légumes, de poissons ou de viande, dont peu importe la quantité, pourvu qu'elle soit de bonne qualité.

Le thé est pour le Chinois une boisson aussi nécessaire que le vin pour l'Européen ; ne pas tenir compte de la nourriture usuelle et constitutive du tempérament chinois, ce serait aller à l'encontre de ce que l'employeur est en droit d'attendre du Coolie : il faut donc que son alimentation soit en rapport avec la somme d'ouvrage qu'il doit fournir.

---

§ IV — Du véritable mode à employer pour assurer aux colonies une source abondante de travailleurs.

Etant donnée l'étonnante force de cohésion familiale qui est la caractéristique de la race chinoise, le meilleur moyen d'établir un courant d'immigration entre nos Colonies et la Chine, c'est l'exactitude à faire passer aux familles le montant des sommes que les Coolies prélèvent sur leurs gages pour les aider. Agir autrement, ce serait maintenir en Chine les centres de misère que l'immigration doit justement combler. Du moment que ce but ne serait pas atteint, les familles dirigeraient sur d'autres points leurs soutiens naturels et les détourneraient de nos Colonies. Il est donc doublement intéressant que ces sortes d'envois d'argent se fassent avec la plus grande exactitude.

Il nous revient que, grâce aux faibles contingents dirigés sur Madagascar et la Réunion, en Juin et octobre 1901, une somme de cinquante mille francs a été ainsi déléguée et versée dans le Fo-Kien, ce qui a produit un très bon effet. Les familles y sont déjà plus à leur aise .... Que serait-ce si, au lieu de 1500 hommes, on y avait envoyé depuis le temps des milliers de travailleurs ?... Voici du reste à ce sujet l'opinion d'une personne bien informée :

« L'immigration chinoise développe avec elle des centres
« d'affaires inappréciables .... « Singapoor » « Sumatra »
« Les Philippines » en sont un exemple frappant.

« Pour nos colonies de l'Océan Indien, ce serait l'occasion
d'une prospérité surprenante au point de vue commercial. Des
débouchés nouveaux s'ouvriraient de suite, et Dieu sait si elles
ont besoin de vivre ! Voyez ce qu'a produit à l'île Maurice
l'afflux d'Indiens ; et pourtant l'Indien est loin d'être un agent
aussi puissant de consommation que le Chinois. Ce que ce dernier absorbe et consomme est énorme .... « La puissance
d'achat » le rend susceptible d'acquérir nos produits qu'il con-
sommera plus tard en quantité d'autant plus grande qu'il s'y
sera familiarisé .... et que les Chinois sont légion » (La Population du Fo-Kien est à elle seule de 30 millions !)

Qu'on soit donc exact à faire passer les délégations d'argent
des Coolies à leur famille, et une navette régulière s'établira
entre la Chine et nos Colonies au plus grand profit de tous.

---

§ V — De la façon la plus économique d'introduire le travailleur chinois aux Colonies.

Pour solutionner ce dernier point d'une manière prompte et
économique, il faut :

1° — Traiter directement avec le Consul de France à Fou-
Tchéou, de manière à diminuer les frais toujours considérables
des intermédiaires commerciaux ;

2° — Faire passer par lui les sommes nécessaires aux frais
de recrutement ; tels que primes aux Coolies, etc. etc ......

3° — Mettre en concurrence quelques Compagnies françaises(1)
de navigation pour le transport des immigrants par lots de 7 à
800 hommes, transport qui serait payé à l'arrivée dans la
Colonie.

4° — Allouer une somme suffisamment rémunératrice à
l'agent recruteur et à la Compagnie de navigation pour les
stimuler à faire bien et vite.

De cette façon, en opérant sur une première commande de
trois mille hommes à répartir entre Madagascar et la Réunion,
on arriverait à avoir des Coolies à un prix voisin de 300 francs,
l'un. Dans la suite, ce dernier prix pourra être sensiblement
réduit, lorsque les commandes seront faites par continuité et
que les compagnies de navigation pourront se procurer des

---

(1) de préférence aux Compagnies étrangères jusqu'ici employées.

frêts de retour ou même des passagers pour les ports de l'Extrême-Orient.

Ainsi qu'il a déjà été dit plus haut, notre Ambassadeur à Pékin, de passage dernièrement à Fou-Tchéou, a compris l'importance de ce genre d'opération pour l'extension et l'influence du commerce français en Extrême-Orient.

Il a pu se rendre compte que des relations étonnamment amicales avaient été créées de ce chef entre le Vice-Roi, les Mandarins de Fo Kien et le consul français. Le concours de l'Ambassadeur de France dans cette opération est d'autant plus assuré, qu'il a dit devoir en écrire aux Ministres des Affaires Etrangères et des Colonies pour qu'ils invitent les Gouverneurs de Madagascar, de la Réunion et de la Nouvelle-Calédonie, à s'adresser directement à Fou-Tchéou pour avoir des travailleurs.

Vue en perspective de l'arsenal de Fou-Tchéou
prise sur la rivière du Ming.

Chefs d'Equipes des Coolies chrétiens
introduits à la Réunion en octobre 1901.

TROISIEME PARTIE

De l'application de la main-d'œuvre aux Colonies

La question de « main-d'œuvre » ainsi posée prouve surabondamment que le problème colonial né de l'insuffisance de natalité française et exotique, trouvera sa « Solution pratique » dans une immigration chinoise bien comprise et surtout appropriée aux besoins des Colonies.

Il ne reste donc plus maintenant qu'à apprécier dans quelles mesures l'élément « du travail chinois » devra être utilement appliqué aux Colonies Françaises, divisées en deux catégories dites, « Anciennes et Nouvelles » en laissant complètement de côté la « Tunisie et l'Algérie » qui sont d'une organisation bien différente.

I

Des Anciennes Colonies

Elles sont partagées en deux groupes bien distincts comme suit :

Le 1ᵉʳ groupe se compose : — En Amérique du Nord : des îles Sᵗ Pierre et Miquelon.

En Afrique : du Sénégal et ses anciennes dépendances.

En Asie : des établissements français de l'Irde, Pondichéry, Karikal, Chandernagor et autres petits comptoirs.

Comme toutes ces Possessions ne sont que des pêcheries, des factoreries et points commerciaux d'influence où la main-d'œuvre n'est d'aucune utilité, nous les laisserons de côté.

Le 2ᵐᵉ groupe comprend en Amérique :

	Superficie Kil. Carré	Population
La Guyane	120.000	26.000
Ile de la Guadeloupe	1.868	183.000
Ile de la Martinique	988	175.000
En Afrique l'Ile Bourbon	1979	170.000
dite Ile de la Réunion		
Total.	124.825	554.000

Ici, soit dit en passant, le simple rapprochement de superficie et de peuplement des anciennes possessions françaises avec l'Ile Maurice, d'une contenance de 1914 kil. carrés et peuplée de 363.000 habitants, prouve que cette « minuscule colonie anglaise » tient sa surprenante prospérité agricole et commerciale d'une abondante immigration indienne, sur laquelle nous aurons à revenir.

Si petit que soit ce groupement de nos anciennes colonies, il constitue ce qu'on est convenu d'appeler « les glorieux débris » de notre vaste Domaine Colonial d'avant la Révolution et du Premier Empire : domaine qui reflétait si bien l'ancien génie colonisateur français, et où, entre toutes nos autres possessions d'alors, brillaient d'un éclat sans pareil, « d'abord St. Domingue, » que sa sanglante séparation d'avec la Mère Patrie en 1793 priva de tout progrès, puis la « Louisiane » que l'Empire vendit en 1803 aux Etats-Unis et dont la capitale, Nouvelle-Orléans, est la rivale de New-York.

Ce sont tous ces glorieux souvenirs qui font que la France s'émeut des désastres de la Martinique comme siens propres, tellement elle se sent liée à nos anciennes colonies par le sang et tout un passé de gloire !!...

Or, sachons-le, les cultures et les industries créées il y a bientôt trois siècles à la Guyane, aux Antilles et à l'Ile Bourbon uniquement pour l'alimentation, alors comme aujourd'hui, du commerce de la France, ont été constituées sur ce principe que dans les pays tropicaux l'action de l'Européen doit être assistée d'une main-d'œuvre « exotique ». D'où ce dicton colonial: « Aux colonies la tête doit rester blanche et les bras noirs ... »

L'union bien comprise et humainement pratiquée de ces deux éléments fait les Colonies prospères; sans cette union, elles cessent de produire et deviennent ce qu'est aujourd'hui St-Domingue, l'ancienne Reine des Antilles par sa richesse !....

La sage République de 1848 avait si bien compris cette saine tradition coloniale, que tout en inaugurant aux Colonies l'ère libératrice de l'émancipation, elle leur avait donné une vigoureuse impulsion vers l'agriculture en y introduisant une abondante immigration indienne, gracieusement accordée alors par l'Angleterre, et dont la convention internationale de 1861 réglementa le fonctionnement.

Cette immigration n'avait qu'un but, développer la production coloniale et du même coup stimuler la population indigène au « travail libre » par une émulation profitable à tous.

C'était là, il faut l'avouer, l'institution libérale et humanitaire la mieux faite pour faire entrer nos anciennes colonies à pleine voile dans une ère nouvelle de liberté et de progrès.

Cette alliance de la main-d'œuvre indienne avec celle des « natifs créoles » se traduisit par les plus heureux effets. Elle produisit une fusion de race d'un type très réussi. Elle donna, de 1849 à 1880, à nos Colonies un développement extraordinaire de production et de commerce malgré les cyclones et les crises toujours intenses de l'industrie sucrière et de la concurrence Mondiale.

Enfin, elle a prouvé qu'une immigration de travailleurs étrangers « exotiques » est indispensable pour coloniser les contrées tropicales où les indigènes ne sont pas suffisamment nombreux, et où les blancs ne s'acclimatent pas.

Un état de choses si désirable a malheureusement cessé le jour où, pour contrebalancer la légitime influence des industriels et des colons blancs qui font seuls progresser les colonies, la politique s'avisa d'exploiter cette colossale erreur qu'on appelle « le suffrage universel colonial » erreur colossale, répétons-le, puisque l'écrasante supériorité numérique des électeurs de francisation récente est appelée tôt ou tard à dominer l'élément français, sans lequel la colonisation telle qu'il faut la comprendre n'est plus possible, à moins que les blancs ne se retirent, ainsi que la chose se produit déjà aux Antilles ! . . De là « l'absentéisme, cet autre mal social ».

En attendant, l'immixtion de la politique dans les affaires coloniales en matière d'élection a eu pour effet de griser les masses du mot vraiment magique de liberté . . . . et de les effrayer d'un retour suranné à l'esclavage ! . .

Pour cela on a agité la question de l'immigration indienne sous prétexte qu'elle constituait une nouvelle forme de servage . . . . qu'elle faussait les rapports naturels du Capital et du Travail . . . qu'elle pouvait devenir un danger national. . . . . . qu'elle était le « Péril Indien » !

Finalement en 1885, sur un vote des Conseils Généraux des Colonies des Antilles, émanant du suffrage universel, 10.000 immigrants indiens furent rapatriés Ceux de l'île de la Réunion continuèrent à y résider suivant la teneur de leurs contrats ; mais à partir de 1880, aucun convoi d'Indiens n'arriva dans la Colonie qui entra de ce fait dans une crise nouvelle . . . celle du manque de travailleurs !

La main-d'œuvre indigène, insuffisante par elle-même et surtout depuis l'application du service militaire en 1897-98, devint d'autant plus rare et chère qu'elle est instable.

C'était la ruine à bref délai, faute de bras pour entretenir les cultures et réaliser les récoltes ! . . . .

Comme il s'agissait d'échapper au « péril de la misère noire », et que l'île de la Réunion faisait de la reprise d'une immigration quelconque de travailleurs le terrain des Elections Législatives de 1902, les politiciens coloniaux imaginèrent comme moyen terme le recrutement par « dose homéopathique » de 380 Comoriens objet actuel, d'une enquête par l'inspecteur Crayssac. On toléra même l'introduction de 808 Coolies recrutés à Fou-Tchéou, sous le contrôle direct du consul français, pour compte du Syndicat des Propriétaires Bourbonnais.

Ce premier contingent de travailleurs chinois, sans précédent jusqu'ici à l'île de la Réunion, n'y a pas encore été apprécié parce que, avec les anciennes organisations du travail, on a cru pouvoir traiter les Chinois comme les Indiens et autres races d'immigrants. On n'a pas su tenir compte en cela de la « mentalité et des coutumes chinoises » chose indispensable quand on s'adresse à des hommes qui ont des usages et une civilisation à eux, tout comme les Français, les Anglais, les Allemands, etc.

Mais avec le temps, on ne tardera pas à apprécier à sa juste valeur une main-d'œuvre que la « Deutsche Colonial » définissait en 1901 comme la seule solution « pratique du travail colonial » et dont la « Chambre d'Agriculture du Tonkin » préconisait l'emploi comme plus vigoureuse, plus consciencieuse et plus appropriée aux travaux de force . . . » (Voir le Journal des Colonies du 6 Avril 1902)

Quand on se sera pénétré de la réelle importance de la main-d'œuvre chinoise, on devra accorder une protection spéciale aux Coolies, par la suppression des taxes exorbitantes et contraires au « droit commun » dont sont frappés, à l'île de la Réunion, les Asiatiques ; afin que l'immigration actuellement si coûteuse des travailleurs se transforme d'elle-même en une émigration libre comme celle des Italiens, des Espagnols et des Anglo-Maltais en Algérie et en Tunisie, où ils neutralisent si bien les déplorables effets de la dépopulation française.

Puissent ces dernières réflexions prouver aux irréductibles adversaires de la main-d'œuvre étrangère aux colonies que le temps d'ostracisme dont étaient frappés les « Ouitlanders » est à jamais fini, partout où il y a des terres à exploiter et où flotte le drapeau de la liberté et de la civilisation !

Puissent les Coloniaux vraiment soucieux de l'avenir aujourd'hui précaire des colonies françaises, à cause de l'insuffisance de leurs populations autochtones, puissent-ils, disons-nous, aller droit au but, avec cette politique suivie et dégagée d'idées préconçues, que le patriotisme leur indiquera comme le meilleur moyen d'affirmer enfin la Colonisation de la France !

Enfin, en véritables hommes d'Etat, ils reconnaîtront qu'un pays dont le gouvernement repose sur des principes sociaux solidement établis, a tout à gagner à rester ouvert aux étrangers qui y apportent leur activité. Louis XI et Louis XIV n'ont-ils pas attiré en France les ouvriers flamands et italiens pour y implanter leur industrie ?

D'autre part qu'est-ce qui empêcherait la France d'imposer aux étrangers résidant et travaillant chez elle le « serment d'allégeance » que la libre Angleterre exige de tous ceux qui s'établissent dans ses Colonies, et qui n'est autre chose que l'engagement de se soumettre aux lois du pays !....

II

Des Nouvelles Colonies

Elles peuvent être partagées en trois grands groupes comme suit :

1° En Asie: l'Indo-Chine française, comprenant: la Cochinchine l'Annam et le Tonkin — Le Cambodge constitue un Protectorat en dehors.

2° En Océanie: les îles: de la Nouvelle-Calédonie et de Loyauté O'Tahïti — Nouka-Hiva — Hiva-Oa, les Marquises — et les Iles de la Société.

3° En Afrique Orientale : l'île de Madagascar — le territoire d'Obock et de Djibouti.

En Afrique Occidentale : Le Soudan Français, comprenant la Guinée, est encore sans délimitation précise.

Les Etablissements de la Côte d'Ivoire, du Gabon et du Congo, sont dans la même situation que le Soudan. Le Sénégal et ses dépendances font partie des anciennes colonies déjà mentionnées.

De tout cet ensemble de « Possessions Nouvelles », nous ne nous occuperons que de celles qui, présentement, sont susceptibles d'utiliser « une main-d'œuvre » applicable aux mêmes exploitations agricoles que les anciennes colonies.

	Superficie en Kil. Carré	Population
1° En Asie — l'Indo-Chine française	550.508	18.300.000
2° En Océanie — La Nouvelle-Calédonie	21.000	56.000
3° En Afrique — Madagascar et ses dép**	592.000	4.000.000
	1163.508	22.356.000

(Extrait de l'Atlas de Géographie Moderne de Schrader de 1899.)

CONSIDÉRATIONS

Avant d'entrer dans le détail de la main-d'œuvre appropriée à chacune de nos nouvelles colonies, il est nécessaire d'émettre certaines réflexions sur cette Colonisation, peu comprise jusqu'ici, vu la nouveauté de son organisation. Nous démontrerons la nécessité où elles sont aussi de recourir à un appoint de travailleurs étrangers, par un simple rapprochement de leur superficie et de leur peuplement avec le « Bloc » du Colossal Empire Indo-Britannique, qui donne à l'Angleterre cette surabondante « natalité exotique » dont elle se sert si utilement pour coloniser ses autres possessions intertropicales.

L'Inde Anglaise mesure 3,387.876 kil. carrés et est peuplée de 300 millions d'habitants, soit treize fois plus que l'Indo-Chine, Madagascar et nos autres Colonies. Il est évident que si la France ne veut pas rester stationnaire dans sa colonisation, elle doit demander à ce vaste réservoir d'activité, qu'est la Chine, avec ses 400 millions de Célestes, les travailleurs qui lui sont nécessaires pour suppléer à l'effrayante insuffisance de main-d'œuvre exotique du Domaine Colonial, où depuis 1880 tant de vies d'hommes et de capitaux ont été engloutis ! . . . . . Sinon, l'expansion coloniale tant prônée restera longtemps encore à l'état de problème . . . .

On s'est borné jusqu'ici à critiquer notre système moderne de « centralisation à outrance » dont l'un des vices est de peupler les colonies de fonctionnaires, avant d'y introduire des bras et des colons actifs . . . . On n'a pas assez tenu compte aussi de ce que le fonctionnarisme, s'il est tant soit peu excessif, devient l'ennemi de cette liberté individuelle, où l'ancien esprit colonisateur français puisait sa force dans l'organisation des grandes Compagnies marchandes du XVIIᵉ Siècle. De même origine que celles de l'Angleterre et de la Hollande, « ces Compagnies » ne coûtaient rien à l'Etat et suscitaient une élite d'hommes d'action, de génie même, comme il en faut pour coloniser.

Enfin, M. Chailley-Bert lui-même, d'une si grande autorité en la matière, a publié en Août 1901, un écrit (1) intitulé : « Dix années de Politique Coloniale », où l'état précaire de la Colonisation française est si manifestement démontré qu'il en est arrivé à soulever la question : « La France a-t-elle trop de Colonies ? . . . »

(1) en 3 articles : Nos Colonies en 1901 et la théorie du Bloc. — Où en sont nos colonies en 1901 ? La France a-t-elle tort de coloniser ?

Devant un aussi terrifiant état de choses, M. Chailley Bert a éprouvé le besoin de se ressaisir, et son Patriotisme aidant, il a tourné la difficulté d'une manière paradoxale....

Il a habilement écarté de la Colonisation des Contrées Tropicales, la grave question de « Natalité Métropolitaine » des Nations colonisatrices, et sans tenir un compte exact de la ressource que l'Angleterre tire de la « Natalité exotique » de l'Inde », il a conclu en disant que la France devait coloniser Madagascar, l'Indo-Chine et l'Afrique Occidentale à la manière anglaise ; « où le Colon n'est qu'un conducteur du travail d'autrui.... » Malheureusement cette manière d'envisager la question ne pouvait résoudre le problème né de l'insuffisance des populations indigènes, car aussitôt après M. Chailley-Bert ajoute :

« Ce rôle de conducteur du travail d'autrui limite fatalement
« le nombre des colons. Ce n'est pas assez pour les attirer
« qu'il y ait dans le pays des terres disponibles, il faut aussi
« qu'il y ait des bras et de la main-d'œuvre. Et cela est tellement
« nécessaire et a une telle influence sur le développement pos-
« sible de la colonie, qu'à l'heure actuelle, contrairement à ce
« que quelques-uns pensent, il y a en France, pour nos Colonies
« Tropicales, plus de candidats-colons qu'elles n'en peuvent
« encore recevoir. Et pourtant, dès à présent, l'effectif de ces
« Colons — 5.000 en Indo-Chine, 3.000 à Madagascar — est
« proportionnellement plus fort que celui des Anglais aux Indes,
« des Hollandais dans l'Insulinde. Nos Colonies tropicales
« ne sont donc pas trop vastes.... »

Dans de semblables conditions, nous aimons à espérer que M. Chailley Bert voudra bien recoanaître, avec son grand esprit pratique et son non moins grand patriotisme, que le peuplement actif des Colonies françaises ne pourra être efficacement demandé qu'à la Chine, cette terre classique des migrations lointaines, dont les populations prolifiques sont habituées à l'exode par tradition et par tempérament.

De là, une rénovation colonisatrice profitable à tous par la fusion des races. A la longue, les Indigènes paresseux seront sollicités au travail et à l'économie par l'émulation des Chinois actifs.

Enfin les colons, comme le dit M. Chailley-Bert, deviendront réellement les conducteurs du travail d'autrui. « Les colons se-
« ront commerçants ou planteurs : ils viendront avec des capi-
« taux suffisants, ils emploieront des travailleurs *de toutes races*,
« dont ils lieront la fortune à la leur ; ils apprendront bientôt que
« sans ces travailleurs-là ils ne peuvent rien, et seront ainsi
« amenés — et le gouvernement avec eux, — à prendre de leurs

« *co-associés,* un soin que la seule humanité et la seule justice
« ne leur auraient pas suggéré .... »

L'organisation coloniale ainsi constituée, avec l'alliance des
Chinois comme auxiliaires des Indigènes et du Colon français
comme directeur du travail, il sera facile d'entrevoir le jour où
la France sera « après l'Angleterre, le pays d'Europe le plus apte
à tirer parti de ses possessions d'outre-mer .... »

Un si heureux résultat ne sera assuré qu'à la condition que le
Gouvernement français bannisse la *politique et le suffrage universel de ses Colonies* et leur octroie une liberté individuelle,
civile et religieuse aussi large que celle qui est accordée par l'Angleterre à toutes ses possessions.

L'idée de liberté est par elle-même tellement liée à celle de la
colonisation, que par un fait digne de remarque on voit, après
cent ans et plus de conquête, les Canadiens et les Mauriciens, toujours Français par le cœur, la langue et la religion, faire taire
tout antagonisme de race, et vivre heureux et prospères sous le
drapeau britannique, parce qu'ils y trouvent une liberté égale à
celle des Anglais eux-mêmes..... C'est à ce point que le premier Ministre actuel du « Dominion » est un Franco-Canadien !...

Quand donc la France jouira-t-elle de la liberté ? De cette vraie
liberté pour laquelle depuis plus d'un siècle elle a versé tant de
sang et de pleurs!.. De cette liberté que des liberticides sectaires
lui disputent aujourd'hui si odieusement ! De cette liberté enfin
que peut seule lui donner la paix religieuse et sociale vers laquelle
tous les vrais Français et les vrais coloniaux aspirent.

III

INDO-CHINE FRANÇAISE

PopuLation 18.300.000 habitants. — Superficie 550.508 K. m. carrés.

A propos de l'Indo-Chine nous ne ferons que rappeler ici ce
que dit l'article du Journal des Colonies du 6 avril 1902 intitulé
« Main-d'œuvre au Tonkin » et que nous avons déjà longuement
commenté.

Le voisinage de la Chine rend l'introduction et l'emploi de cette
main-d'œuvre très facile dans nos possessions d'Extrême-Orient.
Nous savons même qu'elle fonctionne régulièrement en Cochinchine par des exodes venant de Canton et de Shanghaï, sous le
contrôle de chefs spéciaux responsables.

IV

NOUVELLE CALÉDONIE

POPULATION 56.000 habitants. — SUPERFICIE 21.000 K. carrés.

On peut appliquer à la Nouvelle-Calédonie ce qui a été dit touchant les anciennes Colonies françaises, en faisant pourtant la réserve de certaines conditions sociales auxquelles elles sont restées étrangères dans le passé.

Il est utile cependant de noter ici que n'ayant pu trouver chez les Indigènes Canaques et dans les îles Hébrides les bras qui lui sont nécessaires, la Nouvelle-Calédonie a déjà fait une première demande de Coolies chinois.

III

MADAGASCAR

Population 4.000.000 d'habit. — Superficie 592.000 K. m. q.

En l'état actuel de nos colonies, la grande Ile africaine est bien celle de toutes nos possessions, qui a le plus besoin de l'assistance d'une main-d'œuvre étrangère, parce que, si elle est de beaucoup plus étendue que la France, c'est à peine si sa population atteint 4 millions de Malgaches !...

Cette population elle-même reste stationnaire parce que les sources de la vie ont été de tous temps viciées chez les Malgaches par une grande perversité de mœurs et de pratiques superstitieuses.... Il est même à craindre qu'elle diminue par suite des théories modernes de cette morale indépendante, qui n'est qu'un retour à "l'état de nature" aggravé par l'égoïsme.

D'autre part si, en tant qu'île, Madagascar est tenu à l'écart de tout renouvellement facile de population, aussi bien par l'isolement où le place cette situation géographique, que par l'insalubrité trop connue de son climat, il est du devoir du Gouvernement de mettre tout en œuvre pour y faire affluer un abondant apport de travailleurs.

Le premier but de cette introduction de main-d'œuvre devra être d'aider au peuplement stable de Madagascar.

En conséquence, il sera de toute nécessité que, concurremment à une immigration d'hommes appropriés aux travaux de force, on adjoigne des familles et des enfants.

Les familles dont il s'agit devront être soigneusement recrutées, comme les Coolies venus en 1901 à l'Ile de la Réunion, dans les meilleurs centres agricoles et chrétiens " du Fo-Kim ". Cette province peuplée de 30 millions d'habitants suffira à elle seule pour alimenter de travailleurs nos colonies et leur ouvrir des débouchés commerciaux en Extrême-Orient.

Le meilleur gage de succès qu'on puisse avoir de ce recrutement, c'est que le nom de la France est connu et aimé dans le Fo-Kim, grâce à l'influence patriotique exercée par le consul Claudel, aussi bien que par les ingénieurs français de l'arsenal de Fou-Tchéou, et le prosélytisme des Missionnaires Dominicains. — C'est tellement ainsi que les 808 Coolies, venus en octobre 1901 à l'Ile Bourbon, assistés d'un prêtre indigène, se sont présentés à leur arrivée devant les autorités françaises, en qualité de protégés et d'amis de la France. Ils justifiaient ainsi à un mois de date, ce mot du discours que M. Waldeck-Rousseau a prononcé « sur l'emprunt chinois », le 21 novembre 1901 :

« Nous avons autant d'intérêt que l'Angleterre et les Etats-Unis « à avoir des établissements religieux en Chine. Notre raison « d'y être, c'est tout autant notre tradition séculaire, *morale* et « *religieuse*, que nos intérêts commerciaux. »

Ainsi considéré, le recrutement des familles chrétiennes du Fo-Kim, outre les liens d'une Foi commune avec nous, sera un puissant auxiliaire pour le relèvement de la « natalité » à Madagascar; parce que tout le monde sait que la race jaune est douée « de ce *sens familial et de cette force de cohésion, qui sont la con-* « *dition première des peuples vraiment colonisateurs.* »

Le Canada, resté si français par les mœurs, la langue et la Foi, atteste, soit dit ici en passant, l'ancien esprit colonisateur de la France avant 1789, et ne tire lui-même sa prodigieuse vitalité de race, survivant à 160 ans de conquête anglaise, qu'à l'apport de familles choisies dans les meilleures provinces françaises lors de la première fondation de la colonisation en 1642. Ce fait historique est tellement intéressant qu'il a été le sujet d'un écrit « *The French Canadian* » publié par M. Howard Angus Kennedy, en janvier 1902, que nous reproduirons dans une prochaine édition.

Un administrateur d'élite comme le général Galliéni, qui s'est particulièrement préoccupé de la rénovation sociale de Madagascar, comprendra certainement que les mesures humanitaires prises par lui seront sans effet, si elles ne sont pas vivifiées par la sève moralisatrice découlant du Christianisme.

Mgr. Le Roy, Supérieur de la Congrégation du St. Esprit, a hautement affirmé ce principe dans un discours prononcé au Congrès international de Sociologie Coloniale, tenu en avril 1900, à

Paris, à l'occasion de l'Exposition, sous la présidence de M. Le Myre de Villiers.

« L'expérience, dit Mgr. Le Roy, l'a prouvé surabondamment, « le Christianisme est une force civilisatrice incontestable. Jus- « qu'à ce qu'ils aient mieux trouvé, les sociologues les plus réso- « lûment matérialistes, peuvent l'adopter comme le plus sûr « moyen de perfectionnement des races humaines. »

(Extrait de la discussion relative à la condition morale des indigènes, et tiré des Annales de la Congrégation du St. Esprit, août 1901).

Le relèvement de la natalité ne sera pas le seul avantage que produira à Madagascar un bon choix de familles chinoises chré- tiennes. Il aura encore celui de réduire sensiblement le prix de la main-d'œuvre, parce que le salaire moins élevé des femmes et des enfants viendra en compensation de celui des hommes.

Enfin l'emploi de cette nouvelle méthode d'immigration devra faciliter dans l'avenir aux Chinois, « l'option » entre le « travail salarié » avec ses charges, et celui de la métairie, conformément à un équitable mélange des usages chinois et français. Cette option ne pourra du reste se produire qu'après un certain stage, pour permettre aux intéressés d'en faire l'essai.

Ce mode d'exploitation est aujourd'hui en vigueur dans la pro- vince australienne du Queensland. Il y a mis fin, d'une manière très heureuse, aux crises aiguës que le prix élevé du salaire cau- sait à l'agriculture et à l'industrie sucrière nonobstant la concur- rence mondiale.

Ce qu'on a vainement essayé d'obtenir des indigènes indolents en qualité de métayers, le Chinois actif et industrieux le donnera dans la plus large mesure.

Il fera sa fortune, et en même temps celle des colons et des compagnies franco-malgaches, qui sont encore à attendre la mise en valeur de leurs concessions, faute de main-d'œuvre.

Le gouvernement de Madagascar pourrait tenter de faire avec quelques familles chinoises, pour la culture des vers-à-soie ou autres produits, ce que les Anglais font avec les Indiens à titre d'expérience pour les entraîner dans l'Est-Africain. On leur offre des facilités spéciales pour des bestiaux, des semences et des provisions pour la première année, outre les frais de trans- port; l'avance de fonds pour le moment est limité à 1000 livres. (Extrait d'une communication faite au Parlement Anglais le 7 mai dernier.)

Enfin la colonisation de Madagascar se fera sans retard et sans qu'il en coûte beaucoup au Gouvernement général.

Le dernier et le plus précieux avantage de ce système de colonisation sera le courant « d'émigration libre » que l'immigration, aujourd'hui si coûteuse et si chanceuse, entraînera après elle, par une transformation naturelle. Ainsi le veut la logique des choses. Il s'établira dès lors entre la Chine et Madagascar une émigration comme celle des « commerçants Chinois » qu'on retrouve dans toutes les colonies européennes de l'océan Pacifique et de la mer des Indes.

A bien prendre, cette activité débordante de la race jaune a été jugée comme nécessaire à toutes les colonies tropicales ; aussi L. Poirel, déjà cité, dit : « Le Chinois est indispensable là où les « Indigènes sont peu nombreux et ne travaillent guère, et où les « blancs ne s'acclimatent pas ».

En réponse à ceux qui invoqueront contre l'émigration chinoise les lois d'ostracisme des Etats-Unis et de l'Australie, nous objecterons qu'elles n'ont pas eu d'autre but que de protéger les ouvriers de race blanche de l'Amérique du Nord et des terres australes de l'Océanie contre la concurrence des ouvriers de race jaune travaillant à prix fort réduits. Il n'en est pas de même dans les colonies tropicales où les asiatiques sont les auxiliaires des Européens parce que les indigènes peu nombreux ne travaillent guère.

Madagascar étant ainsi appelé à retirer de réels avantages du travail chinois, il est inadmissible que le gouvernement général y renonce et se laisse décourager par l'insuccès qu'il vient d'éprouver, du fait d'une épidémie de fièvre qui a dernièrement frappé le remarquable convoi d'immigrants arrivé à Madagascar le 27 juin 1901, et que la Revue de Madagascar du 10 novembre dernier reconnaissait devoir résoudre le problème né de l'insuffisance des bras malgaches.

Si malgré « les mesures sanitaires et hygiéniques prises pour « maintenir les Coolies en santé » ceux-ci ont été décimés à « Moramanga » par la fièvre ou autres maladies, au point d'être frappés de « panique », on peut affirmer que cette démoralisation n'aurait pas eu lieu si les Chinois avaient vu arriver, pour les relayer, les contingents demandés par le général Galliéni justement pour les tenir à l'abri de tout découragement, du fait de leur isolement en pays étranger.

La chose était à prévoir parce que la fièvre de Madagascar produit sur ceux qu'elle frappe les troubles cérébraux les plus dangereux. De là vient qu'elle jette les malades dans une exaltation ou un découragement tel qu'ils se suicident ou sont saisis de panique... C'est ainsi qu'au début de la dernière guerre malgache, en

1893, un des plus brillants régiments du corps expéditionnaire, le 201e de ligne, c'est tout dire, a péri presque en entier avec ses officiers, sous l'action combinée de la fièvre et du délire qui les provoquaient au suicide ou à la panique. Il est certain que si les commandes de contingents faites par le général Galliéni avaient été exécutées en temps utile, l'introduction des premiers immigrants aurait donné le résultat qu'on attendait.

Ce qui confirme cette assertion, c'est qu'à Bornéo, plus vaste et tout aussi malsain que Madagascar, les immigrants chinois recrutés au Fo-Kim pour les colonies anglaises de Sarawah et du Nord Bornéo n'ont donné de bons résultats que parce qu'ils sont relayés par un courant régulier de va-et-vient avec la Chine.

Il importe donc que le gouvernement général, pour éviter le contre-coup de cet insuccès, fasse sans tarder de nouvelles demandes de Coolies au consul français de Fou-Tchéou. Il prouvera ainsi qu'il ne renonce pas à l'immigration chinoise dont le vice-roi du Fo-Kim voulait favoriser Madagascar, en l'assimilant aux mêmes conditions que l'île Bourbon. Ce serait l'occasion de faire alterner les expéditions de six mois en six mois, et d'y adjoindre un certain nombre de femmes et d'enfants, en un mot, quelques familles bien choisies.

De la sorte, une nouvelle exode s'organisera pour le plus grand intérêt de tous et assurera le développement colonial et commercial que l'immigration entraînera avec elle entre la Chine et les possessions françaises, jusqu'à ce qu'elle se transforme en une émigration fructueuse à tous les points de vue, notamment à celui qui fait l'objet de cet écrit et d'où dépend, avons-nous dit, l'avenir même des colonies : la main-d'œuvre !

Les choses ainsi établies, on constatera aisément, comme nous l'avons prouvé déjà, que Madagascar est la première des possessions françaises à profiter de cette main-d'œuvre chinoise.

La situation géographique de la grande île africaine dans l'Océan Indien, à égale distance entre la France et l'Extrême-Orient, par Suez, son voisinage du Sud-Africain, ouvert désormais comme débouché à l'activité débordante des Outlanders, disent assez que c'est vers Madagascar que doit présentement converger l'attention des coloniaux français.

En effet, quand on sait le général Galliéni, entouré d'un état-major d'administration d'élite comme celui qu'il a sous la main, on se prend à désirer la prompte formation de l'armée « de travailleurs actifs » qui l'aidera à achever la conquête pacifique de Madagascar ; conquête qui fera enfin de cette terre arrosée depuis 1642 de sueurs et du sang français, « la France Orientale » entrevue par le génie colonisateur de Richelieu et de Colbert pour être, dans la mer des Indes, ce qu'était la « Nouvelle France » « le Canada » dans l'Amérique du Nord. Le général Galliéni aura ainsi la gloire de préparer le réveil du vieux renom de la colonisation française sur toutes les plages où est planté le drapeau de la France, et où l'utilisation d'une main-d'œuvre étrangère est nécessaire à l'extension de notre domination. Nos colonies de l'Afrique occidentale seront les premières à bénéficier de l'exemple donné à Madagascar.

IV
Considérations sur les colonies africaines.

Sans sortir du cadre de cette étude, mais bien pour lui donner toute l'envergure que comporte une question aussi pleine d'actualité et d'avenir que celle de la colonisation, nous pensons faire œuvre utile en pressentant dès ici celle de l'Afrique.

En effet, si l'Angleterre colonise déjà le Natal, le Nyassaland, et même l'Afrique équatoriale avec l'excédent de ses 300 millions de sujets Indous comme laboureurs et terrassiers du chemin de fer de « pénétration », (1) les autres nations de l'Europe seront obligées d'utiliser à leur tour la pléthore des 400 millions d'habitants de la Chine pour mettre en valeur les vastes territoires africains, qui leur ont été reconnus en 1885 par le traité de Berlin.

Ces territoires illimités et inexploitables encore faute d'un peuplement indigène suffisamment dense et soumis, ne seront colonisés d'une manière vraiment fructueuse que par l'introduction des Coolies chinois, ces auxiliaires indispensables de la colonisation européenne sous les tropiques.

Le trop fameux « Péril jaune », qui a provoqué la coalition de l'Europe en 1900, sera ainsi pacifiquement conjuré par suite du mouvement tournant qui attirera les Célestes en dehors de chez eux, vers l'Afrique ! ... D'autre part, pendant que la diplomatie des « Aryens » s'efforcera de conserver l'homogénéité de l'Empire du Milieu, leurs missionnaires par la prédication de l'Evangile, et leurs ingénieurs par les chemins de fer, pénétreront au cœur même du vieux Monde chinois pour l'entraîner vers la civilisation chrétienne.

Ainsi le veut le cycle des événements humains ! ... Et l'Europe qui a de tout temps civilisé le monde par la colonisation, sera obligée de solliciter l'activité des peuples prolifiques et industrieux

---

1 Lord Cranborne a déclaré que 33,700 laboureurs indiens sont employés au chemin de fer de l'Ouganda; pratiquement ils sont tous originaires du Pumjab.

de l'Inde et de la Chine pour coloniser l'Afrique, dépeuplée par de longs siècles d'esclavage et d'anthropophagie. D'autre part, le climat africain, torride et insalubre, ne peut être affronté que par des races acclimatées, par tempérament, aux pays chauds, car ces peuples, par leur grande densité, résistent a toute épidémie.

Dans ce providentiel rapprochement de toutes les races de la grande famille humaine au cœur du mystérieux Continent Noir, si bien gardé jusqu'à ces derniers temps par le vieux Sphinx des Pyramides, le rôle de l'Europe sera, quoi qu'il advienne, d'apporter à l'Afrique la civilisation qu'elle-même doit à la Religion du Christ Rédempteur . . . . car l'Evangile est la grande charte de la vraie liberté et le seul code de saine doctrine morale.

C'est visiblement à cette pensée de « morale chrétienne » que M. Decrais, dernièrement ministre des colonies, songeait quand, dans un discours sur nos possessions africaines, il déclarait « la conquête matérielle achevée à la côte d'Afrique, la conquête « économique comme se poursuivant avec méthode et certitude, « — et proclamait enfin — qu'il en est une autre qui nous reste « à établir, sans laquelle les autres seraient vaines et précaires: « la conquête morale » ! (Extrait de la Dépêche Coloniale du 24 « août 1901. Emile Lenoir.)

M. Decrais le sait bien, l'idée du christianisme n'est si intimement liée à celle de la colonisation, que parce qu'elle en est la devancière et que les missionnaires ont de tout temps préparé la voie aux colons.

Aussi les sectaires qui mettent actuellement les associations religieuses « hors la loi » et les chassent du sol français, par une contradiction inexplicable de l'esprit humain, sont obligés de les reconnaître nécessaires dans les colonies pour y maintenir le prestige séculaire et l'action civilisatrice de la France !

C'est ce qui explique que l'ex-ministre Decrais, membre d'un ministère de « proscription religieuse », a été le premier à solliciter la reconnaissance légale de la Congrégation du St. Esprit, dont la mission spéciale est de christianiser, de moraliser et de civiliser les « nègres ».

D'autre part, M. Waldeck-Rousseau, le législateur de cette même loi de proscription, n'a-t-il pas dit dans le discours du 21 novembre 1901 sur l'emprunt chinois. . . . . . « On doit reconnaî- « tre que le seul prosélytisme religieux a réalisé à notre profit ce « double service de porter notre langue et nos idées, grâce à des « œuvres de charité et d'éducation, dans un pays irréductible- « ment rebelle à l'action des étrangers. . . . . . »

C'est la logique même des choses, dans l'ordre social, qui a obligé M. Waldeck Rousseau à faire de la péroraison de son discours « sur l'emprunt chinois » tout un programme colonial !... Nous ne saurions mieux affirmer le titre de notre écrit « De la colonisation française au XXe siècle » qu'en insérant ici ce programme dans toute sa teneur :

. . . .

« Quelle que soit l'opinion des hommes, quelles que soient « leurs doctrines politiques, si loin qu'ils puissent aller dans leur « doctrine, nul, entendez-le bien, ne deviendra le Gouvernement « sans regarder au-delà de ces premiers plans où frémissent tou- « tes les passions politiques, fût-ce les plus nobles, dont s'alimen- « te notre politique intérieure, sans porter ses regards plus loin « au bord de quelque fleuve ou au pied de quelque chaine de mon- « tagnes, pour discerner ce que commande l'intérêt de la France, « son avenir, sa grandeur.

« Nous avons une histoire, nous avons appris par de *trop gra-* « *ves expériences* qu'il ne suffit pas toujours de ne point dé- « croître quand tout le monde grandit autour de nous. Pas plus « qu'aucun peuple de l'Europe, nous n'avons pu rester enfermés « dans nos frontières, et c'est en dehors du vieux continent que « nous avons cherché à nous étendre. Nous avons fondé des co- « lonies; là où la terre n'était pas libre, nous avons assis notre « influence. Ainsi s'est formé un vaste empire, épars en appa- « rence, solidaire dans toutes ses parties en réalité, qui forme « comme un réseau à mailles où plus étroites où plus larges, mais « singulièrement impressionnable, sur lequel les moindres vibra- « tions se transmettent avec une foudroyante soudaineté; un tel « événement dans de tels milieux aurait un retentissement incal- « culable, et c'est pourquoi en pareille matière un peu de fierté, « un juste souci du point d'honneur ne sont que *de la vulgaire* « *prudence.* »

Groupe de femmes Chinoises des Coolies introduits
à la Réunion en octobre 1901

CONCLUSION

M. Waldeck-Rousseau ne pouvait dire plus éloquemment les grands services que la France retire d'un prosélytisme religieux qui se manifeste par tant d'œuvres de charité et d'éducation.

Il ne pouvait encore reconnaître d'une manière plus patriotique la nécessité de la Colonisation Française « quand tout grandit autour de nous ».

Aussi éprouve-t-on un douloureux étonnement en voyant M. Waldeck-Rousseau se dérober tout à coup à un programme d'homme de Gouvernement si nettement tracé, et abandonner le pouvoir à des sectaires, ces pires ennemis des principes de liberté et de justice.

Si pareil effacement d'un homme d'Etat, en des circonstances si graves, entre dans le jeu d'un parlementarisme si bien défini par l'expression célèbre : « Je tue où je m'attache », on conviendra qu'une telle instabilité gouvernementale est contraire tout à la fois à la paix et à la liberté intérieures, à l'influence extérieure, et surtout à l'expansion coloniale d'un grand pays comme la France.

La conclusion à tirer d'un semblable état de choses, c'est que l'avenir de la Colonisation Française — où tout est encore à créer — dépend non seulement d'une abondante source de main-d'œuvre, mais aussi d'un gouvernement *stable*.

Par la force des armes, on peut conquérir des pays malsains peuplés de races inférieures et sauvages, mais on ne les colonisera que par des institutions reposant sur des principes sociaux et religieux inattaquables.

Nous livrons en toute confiance cette étude aux méditations de ceux qui ont vraiment à cœur l'avenir des colonies.

L'intérêt qui s'attache à cette question est présentement augmenté par les récents désastres de la Martinique.

On parle justement de diriger sur la Guyane Française l'exode des sinistrés Martiniquais. Sans nous arrêter aux préjugés de toute nature que soulève le seul nom de la

Guyane, nous dirons qu'ils seront tous écartés par l'introduction d'une main-d'œuvre étrangère, là comme dans toutes nos colonies.

En cela nous ne ferons qu'imiter les Hollandais qui se servent d'immigrants Chinois et Malais pour mettre en culture leur colonie de la Guyane, et les Anglais qui peuplent la leur d'Indiens, au point qu'à Demerara, un tiers de la population se compose de colons Indous.

Encore une fois, le seul moyen pour la France de venir en aide à toutes ses colonies anciennes et nouvelles, d'une manière économique, efficace et tangible, sera de revenir aux saines institutions de la République vraiment libérale de 1848 :

1° En favorisant, au moyen de primes, l'immigration chinoise à prix réduit pour hâter le peuplement et le relèvement de nos colonies par des relations commerciales suivies avec la Chine ;

2° En leur accordant un *système de protection douanier*, avec les ports de France et ceux de Chine.

Là seulement sera le salut de la Colonisation Française et du même coup l'affermissement de l'influence de la France en Extrême-Orient où l'Indo-Chine lui offre une si importante base d'opérations.

Enfin, pour donner à la Colonisation Française au XX° siècle toute son extension, il serait utile de rechercher en quoi consistaient les traditions et l'expérience colonisatrices de l'ancienne France, dont parle M. Chailley Bert dans son écrit « Dix années de politique coloniale » lorsque dans l'article premier « la France en 1901 et la théorie du Bloc » il dit :

« Des incidents de politique générale jusqu'en 1870, et,
« depuis 1870 une politique coloniale voulue et suivie, lui
« ont refait un autre domaine presque aussi beau que l'an-
« cien, mais n'ont pu lui rendre encore ses traditions et
« son expérience de jadis ».

Ce travail sera rendu facile à celui qui l'entreprendra par la constatation déjà signalée plus haut de la vitalité de la colonisation de l'île Maurice et du Canada restés si français par la langue, les mœurs et la religion, après plus d'un siècle d'annexion à l'Angleterre : preuve évidente que l'ancien esprit colonisateur français ne cède en rien à celui de la race Anglo-saxonne tant qu'il se trouve dans le même milieu de liberté.

L'Angleterre a su respecter au Canada la liberté individuelle parce qu'elle constitue le principe même de son « *self government* ». Cette institution répondait à ce que la France appelait autrefois ses *libertés provinciales* et ses *franchises locales*, aujourd'hui remplacées par notre système de centralisation à outrance et de fonctionnarisme ruineux. M. Chailley Bert a condamné ce système dans son remarquable écrit : « Dix années de politique coloniale » dans l'article précité : « Nos colonies en 1901 et la théorie du Bloc ».

En effet, après avoir dit en commençant : « Nos diverses « colonies formeraient, pour reprendre une expression célè- « bre, *un bloc* susceptible d'être soumis à une même règle « et réservé à une même destinée », M. Chailley Bert clôture cet article en disant : « Eh! bien, il convient de déclarer « qu'il n'y a pas de *bloc* ; la théorie du bloc, en matière co- « loniale tout au moins, est fausse ; c'est au surplus une « théorie qui n'existe qu'en France. Les auteurs hollandais « et allemands s'étonnent de nos confusions de langage, « source de nos erreurs de conduite. Les Anglais ne se per- « mettraient jamais une théorie d'ensemble sur leurs co- « lonies ».

A notre tour nous terminerons cet Essai d'Etudes sur l'avenir de la Colonisation Française au XXᵉ siècle en affirmant que sa consolidation ne pourra se faire que par une abondante source de main-d'œuvre exotique et une consciencieuse recherche des *traditions* et *de l'expérience coloniales* de la France de jadis appropriées à ses institutions modernes. — Dans cet ordre d'idées nous pensons faire œuvre utile en donnant prochainement la traduction de l'ouvrage de M. Howard Angus Kennedy « The French Canadian » publié par l'Institut Royal Colonial à Londres en janvier 1902.

G. H, Vetch,
Ancien Membre de la Chambre d'Agriculture de l'île Bourbon.

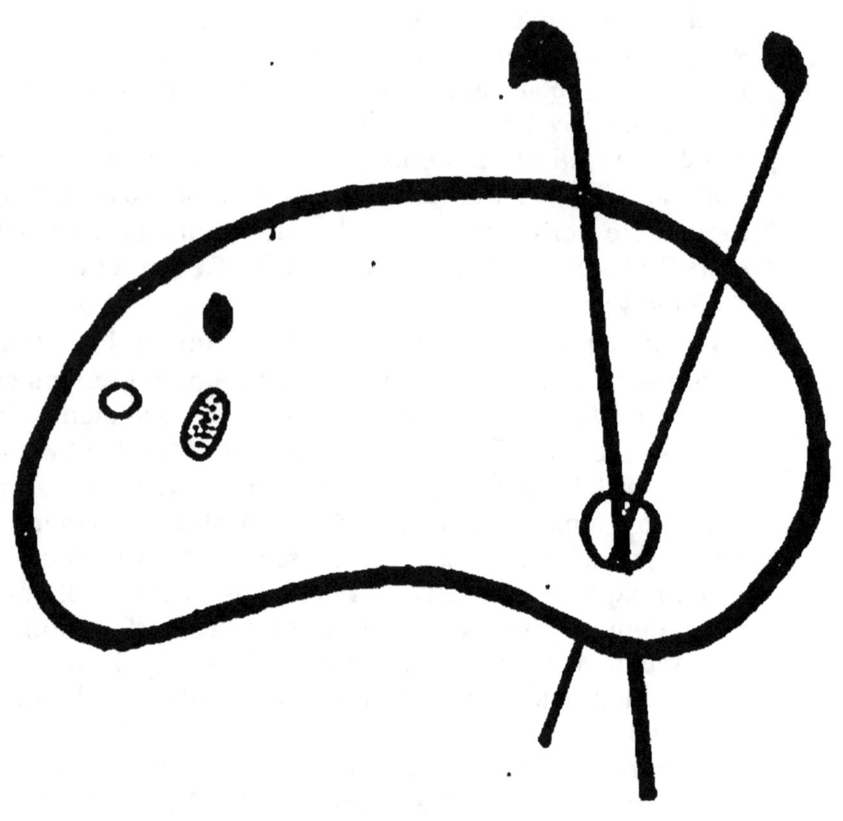

ORIGINAL EN COULEUR
NF Z 43-120-8

www.ingramcontent.com/pod-product-compliance
Lightning Source LLC
LaVergne TN
LVHW010413060726
842526LV00005B/1652